Cómo atraer el dinero

JOSEPH MURPHY

Cómo atraer el dinero

EDICIONES OBELISCO

Si este libro le ha interesado y desea que lo mantengamos informado de
nuestras publicaciones, escríbanos indicándonos qué temas son de su interés
(Astrología, Autoayuda, Ciencias Ocultas, Artes Marciales, Naturismo,
Espiritualidad, Tradición...) y gustosamente lo complaceremos.

Puede consultar nuestro catálogo en www.edicionesobelisco.com

Colección Psicología
CÓMO ATRAER EL DINERO
Joseph Murphy

1.ª edición: febrero de 2008
2.ª edición: noviembre de 2008

Título original: *How To Attract Money*

Traducción: *Liliana Mabel Resnik*
Maquetación: *Natàlia Campillo*
Corrección: *José Neira*
Diseño de cubierta: *Marta Rovira*

© 1955, Joseph Murphy
(Reservados todos los derechos)
© 2008, Ediciones Obelisco, S.L.
(Reservados los derechos para la presente edición)

Edita: Ediciones Obelisco S. L.
Pere IV, 78 (Edif. Pedro IV) 3.ª planta 5.ª puerta
08005 Barcelona - España
Tel. 93 309 85 25 - Fax 93 309 85 23
E-mail: info@edicionesobelisco.com

Paracas, 59 C1275AFA Buenos Aires - Argentina
Tel. (541-14) 305 06 33 - Fax: (541-14) 304 78 20

ISBN: 978-84-9777-443-7
Depósito Legal: B-49.366-2008

Printed in Spain

Impreso en España en los talleres gráficos de Romanyà/Valls S. A.
Verdaguer, 1 - 08786 Capellades (Barcelona)

Tu derecho a ser rico

Es tu derecho ser rico. Estás aquí para gozar de una vida de abundancia y plenitud, para ser feliz y libre. Por lo tanto deberías tener todo el dinero necesario para lograrlo.

No hay virtud en la pobreza; la pobreza es una enfermedad mental que debe ser borrada de la faz de la tierra. Estás aquí para crecer en lo espiritual, lo mental y lo material. Posees el derecho inalienable de desarrollarte y expresarte completamente en todas las facetas. Deberías rodearte de belleza y lujo.

¿Por qué conformarte con apenas lo suficiente cuando puedes disfrutar de las riquezas del Infinito?

En este libro aprenderás a amigarte con el dinero y siempre tendrás de más.

Tu deseo de ser rico es el deseo de una vida más plena, más feliz y maravillosa. Es un impulso cósmico. Un impulso bueno, muy bueno.

Comienza a ver el dinero con su significado real: como símbolo de intercambio. Significa estar libre de deseos; significa belleza, lujo, abundancia y refinamiento.

Mientras lees este capítulo, probablemente digas: «Quiero más dinero». «Me merezco un salario más alto del que estoy recibiendo.»

Creo que la mayoría de la gente recibe una compensación inadecuada. Una de las razones por las cuales las personas no tienen más dinero es porque abierta o veladamente lo condenan. Se refieren al dinero como «el vil metal» o creen que «El amor al dinero es la raíz de todos los males», etc. Otra de las razones por las que no prosperan es que tienen una sensación solapada y subconsciente de que hay algún tipo de virtud en la pobreza; este patrón subconsciente puede deberse a la educación recibida en la primera infancia, a la superstición o bien puede basarse en la falsa interpretación de las escrituras.

No hay virtud en la pobreza: es una enfermedad mental como cualquier otra. Si estuvieras enfermo físicamente, pensarías que algo no funciona bien en ti, y buscarías ayuda o intentarías ponerle remedio de inmediato. De la misma manera, si no hay dinero circulando de manera constante en tu vida deberías pensar que hay algo en ti que no funciona bien.

El dinero es tan sólo un símbolo; como medio de intercambio ha tomado muchas formas a través de los siglos, tales como sal, cuentas y baratijas diversas. En los primeros tiempos, la riqueza de un hombre se determinaba por la cantidad de ovejas o de bueyes que tenía. Es mucho más cómodo hacer un cheque que cargar ovejas para pagar las cuentas.

Dios no quiere que vivas en una casucha o que pases hambre. Dios realmente quiere que seas feliz, próspero y una persona de éxito. Dios siempre tiene éxito en Sus emprendimientos, ¡ya sea una estrella o el cosmos!

Puede que quieras hacer un viaje por el mundo, estudiar arte en otros países, ir a la universidad o enviar a tus hijos a una escuela mejor. Desde luego quieres criar a tus hijos en un medio agradable, para que puedan apreciar la belleza, el orden, la simetría y la proporción.

Naciste para tener éxito, para ganar, para vencer todas las dificultades y para desarrollar completamente todas tus facultades. Si hay carencias económicas en tu vida, haz algo al respecto.

Quítate inmediatamente de la cabeza todas las creencias supersticiosas sobre el dinero. Nunca consideres el dinero sucio o malo. Si lo haces, lo único que conseguirás es que cobre alas y vuele alejándose de ti. Recuerda que pierdes aquello que condenas.

Supón, por ejemplo, que encuentras oro, plata, plomo, cobre o hierro en la tierra. ¿Dirías que estas cosas son malas? Dios dijo que todas las cosas eran buenas. El mal proviene del entendimiento oscurecido del hombre, de su mente no iluminada, de su interpretación errónea de la vida y su mal uso del Poder Divino. El uranio, el plomo o cualquier otro metal podrían haberse utilizado como medio de intercambio. Nosotros usamos billetes de papel, cheques, etc.; con seguridad el papel no es malo; tampoco el cheque. Los físicos y los científicos saben hoy en día que la única diferencia entre un metal y otro es la cantidad y la velocidad de los electrones que giran en torno a un núcleo central. Actualmente están transformando un metal en otro a través del bombardeo de los átomos en un poderoso ciclotrón. Bajo ciertas condiciones, el oro se transforma en mercurio. Falta poco tiempo para que el oro, la plata u otros metales se produzcan sintéticamente en un laboratorio químico. No veo nada de malo en los electrones, neutrones, protones e isótopos.

El pedazo de papel que está en tu bolsillo está compuesto de electrones y protones acomodados de diferente manera; su número y la velocidad en la que se mueven es distinta; ésta es la única diferencia entre la plata y el papel en tu bolsillo.

Ciertas personas dirán: «Pero la gente mata por dinero. ¡Roba por dinero!» Se lo ha asociado con infinidad de delitos, pero eso no lo hace malo.

Un hombre le puede dar a otro cincuenta dólares para matar a alguien; ha empleado mal el dinero, utilizándolo para un propósito destructivo. Puedes utilizar la electricidad para matar a alguien o para iluminar un hogar. Puedes usar el agua para aplacar la sed de un bebé o para ahogarlo, o bien el fuego para dar calor a un niño o quemarlo hasta que muera.

Otra manera de ilustrar esto sería si traes tierra del jardín y la pones en la taza de café de tu desayuno: eso sería malo para ti, pero no significa que la tierra sea mala; tampoco lo es el café. Simplemente la tierra está en el lugar errado, ya que debe estar en el jardín.

De manera similar, si se te clava una aguja en el pulgar, sería algo dañino para ti; la aguja o el alfiler van en el alfiletero, no en tu pulgar.

Sabemos que las fuerzas o elementos de la naturaleza no son malos; depende del uso que les demos que nos hagan bien o nos lastimen.

Un hombre me dijo una vez: «Estoy sin un céntimo. No me gusta el dinero; es la raíz de todos los males».

El tipo de amor hacia el dinero que excluye todas las otras cosas hará que te vayas hacia un lado y te desequilibres. Estás aquí para utilizar tu poder o autoridad con sabiduría. Algunos hombres ansían poder; otros ansían dinero. Si realmente deseas dinero y dices: «Eso es todo lo que quiero. Le daré toda mi atención a generar dinero, nada más cuenta», puedes obtener dinero y lograr una fortuna pero te habrás olvidado de que estás aquí para llevar una vida equilibrada. «No sólo de pan vive el hombre.»

Por ejemplo, si perteneces a algún culto o grupo religioso y te vuelves fanático y te alejas de tus amigos, la sociedad y las actividades grupales, te desequilibrarás, te reprimirás y te frustrarás. La naturaleza insiste en el equilibrio. Si todo tu tiempo está dedicado a las cosas externas y las posesiones, te encontrarás necesitado de paz mental, armonía, amor, dicha o buena salud. Verás que no puedes comprar nada que sea real. Puedes amasar una fortuna o poseer millones de dólares; esto no es ni bueno ni malo. El amor hacia el dinero que excluye todo lo otro desemboca en frustración y desilusión; en este sentido sí es la raíz de tu mal.

Al hacer del dinero tu único propósito, simplemente tomaste la elección equivocada. Pensaste que eso era todo lo que querías pero, después de todos tus esfuerzos, te diste cuenta de que no era solamente dinero lo que necesitabas. Lo que realmente deseabas era un lugar real, paz mental y abundancia. Podrías tener un millón o muchos millones, si los quisieras, y aún así tener paz mental, armonía, salud perfecta y expresión Divina.

Todos quieren dinero y no sólo lo suficiente. Quien quiera abundancia de sobra, la debería tener. Todas las ganas, deseos e impulsos que tenemos por la comida, la ropa, las casas, mejores medios de transporte, expresión, procreación y abundancia nos los ha dado Dios, son Divinos y buenos, pero

11

podemos darle una dirección equivocada a estas ganas, impulsos y deseos, lo cual redundaría en experiencias malas o negativas en nuestras vidas.

El hombre no tiene una naturaleza maligna; no hay naturaleza malvada en ti; es Dios, la Sabiduría Universal o la Vida que busca expresarse a través de ti.

Por ejemplo, un muchacho quiere ir a la universidad pero no tiene el dinero suficiente. Ve a otros muchachos en el vecindario que van a la universidad y su deseo aumenta. Se dice a sí mismo: «Yo también quiero recibir una educación». Puede que tal joven robe o malverse dinero con el propósito de ir a la universidad. Su deseo era básicamente bueno; dirigió mal ese deseo o esas ganas al violar las leyes de la sociedad, la ley cósmica de la armonía o la regla dorada; entonces está en problemas.

Sin embargo, si este muchacho conociera las leyes de la mente y la capacidad absoluta que posee para ir a la universidad a través del uso del Poder Espiritual, podría estar libre y no en la cárcel. ¿Quién lo puso tras las rejas? Él mismo se puso ahí. El policía que lo encerró fue un instrumento de las leyes hechas por los hombres que él violó. Primero se puso a sí mismo tras las rejas en su mente al robar y lastimar a otros. El temor y la conciencia de la culpa le siguieron; ésta es la prisión de la mente, a la que le siguen las paredes de la prisión, hechas de ladrillos y piedras.

El dinero es un símbolo de la opulencia, la belleza, el refinamiento y la abundancia de Dios y se lo debe usar con sabiduría, juicio y de manera constructiva para el bien de la humanidad en infinitas formas. Es meramente un símbolo de la riqueza económica de una nación. Cuando tu sangre circula con libertad tienes salud. Cuando el dinero circula libremente en tu vida eres económicamente saludable. Cuando las personas comienzan a acumular dinero y a ponerlo en cajas de metal y se cargan de temor, se enferman económicamente.

En la crisis económica de 1929 hubo un pánico psicológico; el miedo, en todas partes, se apoderó de las mentes de las personas. Fue una especie de hechizo negativo e hipnótico.

Vives en un mundo subjetivo y objetivo. No debes desatender el alimento espiritual, tal como la paz mental, el amor, la belleza, la armonía, la alegría y la risa.

El conocimiento del poder espiritual es el medio para llegar al Camino Real que lleva hacia las Riquezas de todo tipo, ya sea que tu deseo sea espiritual, mental o material. El estudiante de las leyes de la mente, o el estudiante del principio espiritual, cree y sabe de manera absoluta que, sin importar la situación económica, la fluctuación del mercado de valores, la depresión, las huelgas, la guerra u otras condiciones y circunstancias, siempre recibirá provisiones de manera abundante sin importar la forma que tome el dinero. La razón de esto es que permanece en la consciencia de la riqueza. El estudiante se ha convencido, dentro de su mente, de que la riqueza fluye libremente y por siempre en su vida, y de que siempre habrá más para él, que proviene de lo Divino. Si mañana hubiera una guerra y todas sus propiedades actuales perdieran valor, como ocurrió con el marco alemán después de la Primera Guerra Mundial, aún así el estudiante atraería la riqueza y estaría protegido, sin importar la forma que tomara la nueva moneda.

La riqueza es un estado de la consciencia; es una mente condicionada a la provisión Divina que fluye eternamente. El pensador científico ve el dinero o la riqueza como la marea;

es decir, algo que se va pero siempre regresa. La marea nunca falla; tampoco lo harán las provisiones del hombre cuando éste confía en una Presencia incansable, inmutable e inmortal, que es Omnipresente y que fluye sin cesar. El hombre que conoce el funcionamiento de la mente subconsciente, por ende, nunca está preocupado por la situación económica, el pánico del mercado de valores o la devaluación o la inflación de la moneda, ya que se atiene a la consciencia de la eterna Providencia de Dios. A tal hombre siempre lo abastece y lo cuida una Presencia que todo lo cubre. «Contemplad las aves del cielo, que no siembran, ni siegan, ni guardan la cosecha en graneros; y vuestro Padre celestial las alimenta. ¿No sois vosotros mucho mejores que ellas?»

A medida que de manera consciente entras en comunión con la Presencia Divina, afirmando y sabiendo que Ella te lleva y te guía en todos tus caminos, que es una Lámpara que guía tus pasos y una Luz en tu sendero, serás Divinamente próspero y se te dará sustento más allá de tus sueños más imaginativos.

He aquí una manera simple de crear una impresión en tu mente subconsciente con la idea de provisiones o riqueza constante: Aquieta el movimiento de tu mente ¡Relájate! ¡Vamos! Inmoviliza la atención. Entra en un estado mental adormilado, de ensueño, meditativo; esto reduce el esfuerzo al mínimo; luego, de forma relajada y tranquila reflexiona sobre las siguientes verdades simples. Pregúntate a ti mismo: ¿De dónde vienen las ideas? ¿De dónde la riqueza? ¿De dónde vienes? ¿De dónde han venido tu cerebro y tu mente? Te dirigirás a la Fuente Única.

Ahora te encuentras en una base espiritual para comenzar a trabajar. Ya no será un insulto para tu inteligencia darte cuenta de que la riqueza es un estado mental. Toma esta pequeña frase; repítela lentamente durante cuatro o cinco minutos, tres o cuatro veces por día, en silencio, en especial antes de ir a dormir: «El dinero está por siempre circulando libremente en mi vida y todo el tiempo hay una provisión Divina». A medida que hagas esto en forma regular y sistemática, a tu mente profunda se le comunicará la idea de la riqueza y desarrollarás una consciencia de la misma. La repetición vana y mecánica no tendrá éxito para construir la consciencia de la riqueza. Comienza a sentir la verdad de lo que afirmas. Sabes qué estas haciendo y por qué lo estás haciendo. Sabes que tu ser más profundo responde a lo que conscientemente aceptas como verdad.

Al principio, las personas que tienen dificultades económicas no obtienen resultados con afirmaciones tales como: «Soy rico», «Soy próspero», «Soy exitoso»; tales afirmaciones pueden hacer que su situación empeore. El motivo de esto es que la mente subconsciente aceptará, de dos ideas, la que sea dominante, o aceptará la predisposición o sensación que predomina. Cuando dicen: «Soy próspero», la sensación de carencia es mayor, y algo dentro de ellos dice: «No, no eres próspero, estás quebrado». La sensación de carencia es la que domina, así que cada afirmación convoca aún más a esta sensación de carencia y entonces reciben más de lo mismo. La manera para que los principiantes superen esto es afirmar aquello con lo que la mente consciente e inconsciente estén de acuerdo; entonces no habrá contradicción. Nuestra mente subconsciente acepta nuestras creencias, sensaciones, convicciones y lo que conscientemente aceptamos como verdad.

Un hombre puede invocar la cooperación de su mente subconsciente al decir: «Prospero cada día». «Crezco en riqueza y sabiduría cada día.» «Mi fortuna se multiplica día a día.» «Avanzo, crezco y voy hacia delante en lo económico.» Estas afirmaciones y otras similares no crearán conflictos en la mente.

Por ejemplo, si un vendedor tiene sólo diez centavos en el bolsillo, fácilmente puede estar de acuerdo con que mañana podría tener más. Si vendiera un par de zapatos mañana, no hay nada dentro de él que diga que sus ventas no podrían aumentar. Podría utilizar afirmaciones tales como: «Mis ventas aumentan cada día». «Avanzo, voy hacia adelante.» Encontraría que estas frases resultan sanas psicológicamente, serían aceptables para su mente y darían los frutos deseados.

Los alumnos espiritualmente avanzados que en forma tranquila, sentida e intencionada dicen: «Soy próspero», «Soy exitoso», «Soy rico», también obtienen excelentes resultados. ¿Por qué esto ha de ser verdadero? Cuando piensan, sienten o dicen: «Soy próspero», quieren decir que Dios es la Provisión Total o Riqueza Infinita y que lo que es verdad acerca de Dios es verdad acerca de ellos. Cuando dicen: «Soy rico», saben que Dios es la Provisión Infinita, la Mina de Oro Inagotable y que lo que es verdad sobre Dios es, entonces, verdad sobre ellos, ya que Dios está dentro de ellos.

Muchos hombres obtienen excelentes resultados al meditar sobre tres ideas abstractas como la salud, la riqueza y el éxito. La *Salud* es una Realidad Divina o cualidad de Dios. La *Riqueza* es de Dios; es eterna e interminable. El *Éxito* es de Dios; Dios es siempre exitoso en todos sus emprendimientos.

La manera en que estos hombres producen resultados notables es pararse frente al espejo, mientras se afeitan, en tanto repiten durante cinco o diez minutos: «Salud, riqueza y éxito». No dicen: «Soy rico», o «Tengo éxito»; no crean oposición en la mente. Están calmos y relajados; así la mente está pasiva y receptiva; luego repiten estas palabras. Lo que sigue son resultados asombrosos. Todo lo que hacen es identificarse con verdades que son eternas, inmutables y atemporales.

Tú puedes desarrollar la consciencia de la riqueza. Pon en práctica los principios enunciados y elaborados en este libro y tu desierto cobrará vida y florecerá como una rosa.

Muchos años atrás, en Australia, trabajé con un joven que quería convertirse en médico cirujano, pero no tenía dinero ni se había graduado en la escuela secundaria. Para cubrir sus gastos, solía limpiar los consultorios de los médicos, lavar ventanas y hacer algunos trabajos eventuales de reparación. Me contó que cada noche, cuando se iba a dormir, solía ver en una pared un diploma con su nombre en letras grandes y remarcadas. En ocasiones limpiaba y lustraba los diplomas en el edificio médico en donde trabajaba, así que no le era difícil grabarse la imagen en la mente para luego recrearla. No sé cuánto tiempo continuó con esto, pero debieron de ser algunos meses.

A su persistencia le siguieron los resultados. A uno de los médicos comenzó a agradarle mucho este muchacho y luego de entrenarlo en las tareas de esterilizar instrumental, poner inyecciones hipodérmicas y otras habilidades varias de primeros auxilios, el joven se convirtió en asistente técnico del consultorio. El médico lo envió a la escuela secundaria y a la universidad, cubriendo los gastos de su propio bolsillo.

Hoy en día este hombre es un prominente médico en Montreal, Canadá. ¡Tenía un sueño! ¡Una imagen clara en su mente! *Su riqueza estaba en su mente.*

La *riqueza* es tu idea, deseo, talento, ganas de servir, capacidad para dar a la humanidad, tu aptitud para ser útil a la sociedad y tu amor por la humanidad en general.

Este joven hizo funcionar una gran ley de manera inconsciente. Troward dice: «Una vez que has visto el fin, has puesto los medios para que éste se haga realidad». El *fin* en el caso de este muchacho era ser médico. Se trataba de imaginar, ver y sentir la realidad de ser médico en ese mismo momento, vivir con esa idea, sostenerla, alimentarla y amarla hasta que, a través de su imaginación, penetrara las capas del subconsciente, se volviera convicción y preparara el camino para el cumplimiento de sus sueños.

Podría haber dicho: «No tengo educación». «No conozco a la gente adecuada.» «Soy demasiado mayor para ir a la escuela.» «No tengo dinero; llevaría años y no soy tan inteligente.» Entonces habría estado vencido antes de empezar. Su riqueza radicó en el uso del Poder Espiritual dentro de él, el cual respondió a su pensamiento.

Los medios o el modo en que obtenemos una respuesta a nuestra plegaria siempre están ocultos, excepto que ocasionalmente podemos percibir de manera intuitiva parte del proceso. «Mis caminos son misteriosos.» Los *medios* no se conocen. Lo único que debe hacer el hombre es imaginar y aceptar el *fin* en su mente y dejar su desarrollo en manos de la sabiduría subjetiva interior.

Muchas veces se formula la pregunta: «¿Qué debo hacer después de meditar sobre el *fin* y aceptar mi deseo en la consciencia?» La respuesta es simple: serás compelido a realizar lo que sea necesario para el desarrollo de tu ideal. La ley del subconsciente es la compulsión. La ley de la vida es acción y reacción. Lo que hacemos es la respuesta automática a los movimientos internos de nuestra mente, a nuestro sentimiento interno y convicción.

Unos meses atrás, cuando me iba a dormir, imaginé que estaba leyendo uno de mis libros más populares, *Magic of faith*, en francés. Comencé a construir la imagen de este libro circulando por los países de habla francesa. Hice esto cada noche durante varias semanas y me dormía con la edición francesa imaginaria de *Magic of faith* en las manos.

Justo antes de la Navidad de 1954, recibí una carta de un importante editor de Paris, Francia, que contenía la redacción de un contrato. Me pedía que lo firmase, para otorgarle el permiso de publicar y promover en el exterior en todos los países franco parlantes la edición en francés de *Magic of faith*.

Podrías preguntarme qué hice en pos de la publicación de este libro después de rezar. Tendría que contestarte: «¡Nada!» La sabiduría subjetiva tomó el control e hizo que todo sucediera a su manera, lo cual fue una forma mucho mejor que cualquier otro método que yo pudiera concebir conscientemente.

Todos nuestros movimientos externos y acciones siguen a los movimientos internos de la mente. La acción interna precede a la acción externa. Cualesquiera sean los pasos que des físicamente o lo que parezca que hagas objetivamente, será todo parte de un patrón que fuiste obligado a cumplir.

Aceptar el fin induce a los medios para que lleven a la realidad tal fin. Cree en que ya lo tienes, y lo recibirás.

Debemos dejar de negar nuestro propio bien. Date cuenta de que lo único que nos aleja de las riquezas que nos rodean es nuestra actitud mental o la manera en que vemos a Dios, la vida y el mundo en general. Debes creer, saber y actuar suponiendo positivamente que no hay razón para que no puedas tener, ser y hacer lo que sea que quieras lograr a través de las grandes leyes de Dios.

Tu conocimiento de cómo funciona la mente es tu salvación y tu redención. El pensamiento y el sentimiento son tu destino. Posees todo por el derecho de la consciencia. La consciencia de la salud produce salud; la consciencia de la riqueza produce riqueza. El mundo parece negar u oponerse a aquello por lo cual rezas; tus sentidos a veces se burlan o se ríen de ti.

Si le dices a un amigo que estás abriendo un nuevo negocio por tu cuenta, acto seguido él puede darte todas las razones por las cuales vas a fracasar. Si eres susceptible a su hechizo hipnótico, puede infundir en tu mente el miedo al fracaso. A medida que te vuelves consciente del poder espiritual, que es uno e indivisible y que responde a tu pensamiento, rechazarás la oscuridad y la ignorancia del mundo y sabrás que estás totalmente equipado y que tienes el poder y el conocimiento para tener éxito.

Para transitar el Camino Real hacia las Riquezas no debes poner obstáculos ni impedimentos en el sendero de los otros; tampoco debes estar celoso o envidiarlos. En realidad, cuando te involucras con estos estados negativos de la mente te estás lastimando a ti mismo, porque lo estás pensando y sintiendo. Como dijo Quimby: «Lo que tú insinúas sobre los otros, lo estás insinuando acerca de ti». Ésta es la razón por la cual la ley de la regla dorada es cósmica y Divina.

Estoy seguro de que has escuchado a hombres decir: «Ese tipo está cometiendo un fraude». «Es un chantajista.» «Está consiguiendo dinero en forma deshonesta.» «Es un farsante.» «Lo conocía cuando no tenía nada.» «Es deshonesto, ladrón y estafador.» Si analizas a quien habla así, generalmente tiene carencias o sufre de algún problema económico o físico. Tal vez sus antiguos compañeros de colegio escalaron hacia el éxito y lo superaron; ahora está amargado y les envidia su progreso. En muchos casos ésta es la causa de su propia perdición. Pensar negativamente acerca de sus compañeros y condenar su riqueza hace que las riquezas y prosperidad que pide para sí en sus oraciones se alejen y se desvanezcan. Está condenando las cosas por las cuales reza. Está rezando en dos sentidos. Por un lado dice: «Dios me está dando prosperidad», y con el siguiente aliento, en forma silenciosa o audible dice: «Estoy resentido por la riqueza de ese compañero». Siempre asegúrate especialmente de bendecir al otro y alegrarte por su prosperidad y su éxito; cuando lo haces te bendices y prosperas tú mismo.

Si entras al banco y ves a tu competidor que tiene su tienda al otro lado de la calle depositar veinte veces más que tú o diez mil dólares, alégrate y estate muy feliz de ver la abundancia de Dios manifestarse en uno de sus hijos. Entonces estás bendiciendo y exaltando aquello por lo cual rezas. Aquello que bendices, lo multiplicas. Aquello que condenas, lo pierdes.

Si trabajas en una gran empresa y silenciosamente piensas y resientes el hecho de que te están pagando de menos, que no se te está apreciando y que mereces más dinero y reconocimiento, estás afectando en forma subconsciente tu relación con esa empresa. Estás poniendo una ley en movimiento; luego el director o el gerente te dicen: «Tenemos que despedirte». Tú mismo te despediste. El gerente fue simplemente el instrumento por medio del cual se confirmó tu propio estado mental negativo. En otras palabras, era un mensajero que te decía lo que concebías como verdadero sobre ti mismo. Fue un ejemplo de la ley de acción y reacción. La *acción* fue el movimiento interno de tu mente; la *reacción* fue la respuesta del mundo externo conforme a tu pensamiento interno.

Tal vez, a medida que lees estas líneas, estás pensando en alguien que prosperó económicamente aprovechándose de otros, estafándolos, haciéndoles invertir malamente en propiedades, etc. La respuesta a esto es obvia, porque si robamos, engañamos o estafamos a otro hacemos lo propio para con nosotros mismos. En realidad, en este caso estamos en verdad lastimándonos y robándonos. En primer lugar, estamos predispuestos a la carencia, que obligadamente nos atraerá pérdida. La misma puede llegar de muchas formas; puede que sea como pérdida de salud, prestigio, paz mental, estatus social, enfermedad en el hogar o en el negocio. No necesariamente llega como pérdida de dinero. No debemos ser tan cortos de vista y pensar que la pérdida tiene que venir tan sólo en forma de billetes y monedas.

¿No es una sensación maravillosa apoyar la cabeza en la almohada por las noches y sentir que estás en paz con todo el mundo y que tu corazón está lleno de buena voluntad hacia todo y todos? Hay personas que han acumulado dinero de la manera equivocada, pisoteando a otros, con artimañas, engaños y subterfugios. ¿Cuál es el precio? A veces es la salud mental y física, complejos de culpa, insomnio o temores ocultos. Cómo me dijo un hombre: «Sí, cometí atrocidades con otras personas. Obtuve lo que quería, pero me enfermé de cáncer por eso». Se dio cuenta de que obtuvo su riqueza de la manera equivocada.

Puedes ser rico y próspero sin lastimar a nadie. Muchos hombres se roban constantemente a ellos mismos; se quitan paz mental, salud, alegría, inspiración, felicidad y la sonrisa de Dios. Pueden decir que nunca robaron, pero ¿es cierto? Cada vez que tenemos resentimiento de otra persona o tenemos celos o envidia de su riqueza o éxito, nos estamos robando a nosotros mismos. Éstos son los ladrones que Jesús echó del templo; de la misma manera los debes expulsar tú en forma tajante y decidida. No les permitas habitar en tu mente. Córtales la cabeza con el fuego del pensamiento y sentimiento correctos.

Recuerdo en los primeros tiempos de la guerra haber leído sobre una mujer en Brooklyn, Nueva York, que fue de tienda en tienda comprando todo el café que podía. Sabía que el café se iba a racionar y tenía miedo de que no hubiera suficiente para ella. Compró lo más que pudo y lo almacenó en el sótano. Esa noche asistió a una ceremonia de la iglesia y, cuando volvió a su casa, los ladrones le habían derribado la puerta y habían robado no tan sólo el café sino también la vajilla de plata, dinero, joyas y otros objetos.

Esta buena mujer dijo lo que dicen todos: «¿Por qué me sucedió esto a mí mientras estaba en la iglesia? Nunca le robé a nadie».

¿Es verdad lo que dijo? ¿No estaba ella instalada en la consciencia del miedo y de la carencia cuando comenzó a acumular provisiones de café? Su predisposición y el miedo a la falta fueron suficientes para atraer la pérdida a su hogar y sus posesiones. No tuvo que poner la mano en la registradora o robar un banco; su miedo a la carencia produjo la carencia. Ésta es la razón por la cual muchas personas que son lo que la sociedad llama «buenos ciudadanos» sufren pérdidas. Son buenos en el sentido mundano, es decir, pagan los impuestos, obedecen las leyes, van a votar y son generosos con las instituciones de caridad, pero tienen resentimientos de las posesiones, riqueza o posición social de otros. Si quisieran tomar dinero cuando nadie los ve, tal actitud es definitiva y positivamente un estado de carencia y puede hacer que la persona que se satisface en tal estado mental atraiga charlatanes o truhanes que lo pueden estafar o engañar a la hora de realizar transacciones comerciales.

Antes de que el ladrón «externo» nos robe, primero tenemos que robarnos a nosotros mismos. Debe haber un ladrón interior, antes de que aparezca el exterior.

Un hombre puede tener un complejo de culpa y acusarse a sí mismo constantemente. Conocí a uno así; era muy honesto como cajero de un banco. Jamás robó dinero, pero tenía un romance ilícito; estaba manteniendo a otra mujer y rechazando a su familia. Vivía con miedo a que lo descubrieran y esto dio como resultado un profundo sentimiento de culpa. El miedo le sigue a la culpa y hace que los músculos y las membranas mucosas se contraigan. Se le desarrolló sinusitis aguda y los medicamentos le daban tan sólo un alivio temporal.

Le expliqué a este cliente la causa de su problema y le dije que la solución era abandonar su romance extramatrimonial. Me dijo que no podía, que ella era su alma gemela y que ya lo había intentado. Se acusaba y condenaba a sí mismo permanentemente.

Un día uno de los funcionarios del banco lo acusó de haber sustraído dinero; le pareció algo serio ya que había evidencia circunstancial. Le dio pánico y se dio cuenta de que la única razón por la que lo habían acusado indebidamente era que él mismo se había estado condenando. Pudo ver cómo opera la mente. Mientras siempre se estuviera acusando a sí mismo en el plano interno, lo acusarían en el externo.

Debido al impacto de haber sido acusado de robo rompió inmediatamente su relación con la otra mujer y comenzó a rezar pidiendo armonía Divina y entendimiento con los funcionarios del banco. Comenzó a afirmar: «No hay nada oculto que no se revele. La paz de Dios reina suprema en las mentes y los corazones de todos los involucrados».

La verdad prevaleció. Todo el asunto se aclaró a la luz de la verdad. Descubrieron que otro joven era el culpable. El cajero supo que sólo a través de la plegaria se salvó de una condena de prisión.

La gran ley es: «Como quisieras que los hombres piensen de ti, piensa igual tú de ellos. Como quisieras que los hombres sientan por ti, siente también por ellos de la misma manera».

Di desde tu corazón: «Deseo para cada hombre que ande sobre la tierra lo mismo que deseo para mí. El deseo sincero de mi corazón es, por lo tanto, paz, amor, alegría, abundancia y las bendiciones de Dios para todos los hombres en todos lados». Regocíjate y estate contento por el progreso, el avance y la prosperidad de todos. Lo que sea que pidas como una verdad para ti mismo, pídelo para todos los hombres de todas partes. Si rezas pidiendo felicidad y paz mental, que tu pedido sea de paz y felicidad para todos. Nunca trates de privar a nadie de ninguna alegría. Si lo haces, te privas a ti mismo. Cuando a tu amigo le llega la suerte, ésta también llega para ti.

Si a alguien lo ascienden en tu empresa, estate contento y feliz. Felicítalo, alégrate por su avance y reconocimiento. Si estás enojado o resentido, te estás degradando a ti mismo. No intentes retenerle a otro su derecho de nacimiento, otorgado por Dios, la felicidad, el éxito, la abundancia, los logros y todas las cosas buenas.

Jesús dijo: «Mas haceos tesoros en el cielo, donde ni polilla ni orín corrompen y donde ladrones no minan ni hurtan». El odio y el resentimiento pudren y corroen el corazón y nos llenan de cicatrices, impurezas, toxinas y venenos.

Los tesoros del cielo son las verdades de Dios que poseemos dentro del alma. Llenad vuestras mentes con paz, armonía, fe, júbilo, honestidad, integridad, amabilidad y gentileza; entonces estaréis sembrando tesoros en los cielos de vuestras propias mentes.

Si estás buscando saber sobre tus inversiones o estás preocupado por las acciones o los bonos, afirma tranquilamente: «La Inteligencia Infinita gobierna y cuida todas mis transacciones financieras y, lo que sea que yo haga, prosperará». Haz esto de manera frecuente y verás que tus inversiones serán sabias; más aún, se te protegerá de la pérdida, ya que se te hará vender tus valores o participaciones antes de que se acumulen pérdidas.

Utiliza diariamente la siguiente plegaria acerca de tu casa, tu negocio y tus posesiones: «La Presencia que todo lo opaca, que guía a los planetas en su curso y hace que el sol brille, cuida de todas mis posesiones, mi hogar, mis negocios y todas mis cosas. Dios es mi fortaleza y mi baluarte. Todas mis posesiones están seguras con Dios. Es maravilloso». Al recordarte diariamente esta gran verdad y al observar las leyes del Amor, siempre te guiarán, te cuidarán y prosperarás en todos los sentidos. Nunca sufrirás pérdidas, ya que has elegido al Supremo como Consejero y Guía. El Amor de Dios te rodea envolviéndote, te cubre y te acompaña todo el tiempo. Descansas en los Brazos Eternos de Dios.

Todos deberíamos buscar una guía interna para nuestros problemas. Si tienes un problema económico, repite lo siguiente por la noche, antes de irte a dormir: «Ahora me iré a dormir en paz. He entregado este asunto a la Sabiduría de Dios dentro de mí. Sólo ella conoce la respuesta. Cuando el sol salga por la mañana, también resurgirá mi respuesta. Sé que la salida del sol nunca falla». Luego, vete a dormir.

No te inquietes, te preocupes o te enfurezcas por un problema. La noche trae consejo. Duerme sabiendo eso. Tu intelecto no puede resolver todos tus problemas. Reza por la Luz que vendrá. Recuerda que el amanecer siempre llega; entonces las sombras huyen. Permite que tu sueño de cada noche sea dichoso y satisfecho.

No eres víctima de las circunstancias a menos que creas que lo eres. Puedes elevarte y superar cualquier circunstancia o condición. Tendrás diferentes experiencias mientras estás parado en la roca de la Verdad espiritual, firme y con fe en tus propósitos y deseos más profundos.

En las grandes tiendas los administradores emplean detectives para evitar que la gente robe; todos los días atrapan a cierta cantidad que intenta llevarse algo sin pagar. Tales personas viven en la consciencia de la carencia y la limitación y se están robando a sí mismas, a la vez que atraen todo tipo de pérdidas. A estas personas les falta fe en Dios y el entendimiento de cómo funcionan sus propias mentes. Si rezaran pidiendo un lugar verdadero, expresión y provisiones Divinas, encontrarían trabajo; luego, por su honestidad, integridad y perseverancia serían un honor tanto para ellos mismos como para toda la sociedad.

Jesús dijo: «Porque siempre tendréis pobres con vosotros, mas a mí no siempre me tendréis». Los *estados pobres* de consciencia están siempre con nosotros en este sentido: que sin importar cuánta riqueza tengas ahora, hay algo que deseas con todo el corazón. Puede que tengas un problema de salud; tal vez tu hijo o tu hija necesita guía o falta armonía en el hogar. En ese momento es que eres pobre.

No podríamos saber qué es la abundancia si no fuéramos conscientes de la carencia. «He escogido yo a vosotros doce y uno de vosotros es el diablo.»

Ya sea el rey de Inglaterra o el niño de los barrios bajos, todos nacemos en la limitación y dentro del inconsciente colectivo. Crecemos a través de estas limitaciones. Nunca podríamos descubrir el Poder Interior si no tuviéramos que atravesar problemas y dificultades; éstos son nuestros *estados pobres* que nos inducen a buscar la solución. No podríamos saber qué es la alegría si no derramásemos una lágrima de dolor. Debemos ser conscientes de la pobreza, para buscar liberarnos y ascender hacia la opulencia de Dios.

Los *estados pobres,* tales como el miedo, la ignorancia, la preocupación, la carencia y el dolor no son malos cuando hacen que busques lo opuesto. Cuando te metes en problemas y te patean de un lugar al otro; cuando haces preguntas negativas y desgarradoras tales como: «¿Por qué me ocurre todo esto a mí? ¿Por qué parece estar siguiéndome una maldición?», la luz ha de llegar a tu mente. A través del sufrimiento, del dolor o la desgracia descubrirás la verdad que te libera. «Dulces son los frutos de la adversidad, los cuales, como un sapo feo y venenoso, portan igualmente una preciada joya sobre su cabeza.»

A través de la insatisfacción se nos dirige hasta la satisfacción. Todos los que estudian las leyes de la vida han estado insatisfechos con algo. Han tenido algún problema o dificultad que no podían resolver; o no han estado satisfechos con las respuestas de los hombres a los enigmas de la vida. Han encontrado la respuesta en la Presencia de Dios dentro de sí, la perla de gran valor, la preciada joya. La Biblia dice: «Busqué a Jehová y Él me oyó y libróme de todos mis temores».

Cuando hagas realidad tu ambición o deseo, estarás satisfecho por tan sólo un corto tiempo; luego el impulso de expandirte regresará. Es la Vida buscando expresarse en niveles más altos a través de ti. Cuando se satisface un deseo, viene otro y así hasta el infinito. Estás aquí para crecer. La vida progresa; no es estática. Estás aquí para ir de gloria en gloria, no hay fin, ya que no hay final para la gloria de Dios.

Todos somos pobres en el sentido de que siempre estamos buscando más luz, sabiduría, felicidad y más alegría en la vida. Dios es Infinito y nunca en la Eternidad podrías agotar la gloria, la belleza y la sabiduría que están en tu interior; así de maravilloso eres.

En el estado absoluto todas las cosas están realizadas, pero en el mundo relativo debemos despertar a esa gloria que era nuestra antes de que existiera el mundo. No importa lo sabio que seas, estás buscando más sabiduría, así que todavía eres pobre. No importa lo inteligente que seas en el campo de la matemática, física o astronomía, tan sólo estás rascando la superficie. Todavía eres pobre. El viaje es siempre hacia adelante, hacia arriba y hacia Dios. Es en verdad un proceso de despertar, por el cual te das cuenta de que la creación está finalizada. Cuando sabes que Dios no tiene que aprender, crecer, expandirse o revelarse, comienzas poco a poco a despertar del sueño de la limitación y te transformas a la vida en Dios.

A medida que desaparecen de tu vista el miedo, la ignorancia, el inconsciente colectivo y la hipnosis masiva, comienzas a ver a Dios y Él te ve. Los puntos ciegos desaparecen;

entonces comienzas a ver el mundo como Dios lo hizo; ya que comenzamos a verlo a través de Sus ojos. Ahora dices: «Mirad, ¡el Reino de los Cielos está a la mano!»

Alimenta al «pobre» dentro de ti; recubre las ideas desnudas y dales forma al creer en la realidad de las mismas, confía en que el gran Fabricante interior les dará forma y las materializará. Ahora tu palabra (idea) se hará carne (tomará forma). Cuando tienes hambre (estados pobres), buscas alimento. Cuando estas preocupado, buscas paz. Cuando estás enfermo buscas salud, cuando estás débil buscas fuerzas. Tu deseo de prosperidad es la voz de Dios dentro de ti que te dice que la abundancia es tuya; por lo tanto, a través de tu *estado pobre* encuentras el impulso para crecer, expandirte, desarrollarte, para alcanzar logros y cumplir tus deseos.

Un dolor en el hombro es una bendición disfrazada; te dice que hagas algo al respecto inmediatamente. Si no hubiese dolor ni indicación de algún problema se te podría caer el brazo en la calle. Tu dolor es el sistema de alarma de Dios que te dice que busques Su Paz y Su Poder Sanador y vayas de la oscuridad a la Luz. Cuando tienes frío, haces un fuego y cuando tienes hambre, comes. Cuando tengas carencias, predisponte a la opulencia y la abundancia. Imagina el fin, alégrate con él. Una vez imaginado el objetivo y habiéndolo sentido como verdadero, has puesto los medios para que el mismo se haga realidad.

Cuando tengas miedo y estés preocupado, alimenta tu mente con las grandes verdades de Dios que han pasado la prueba del tiempo y durarán por siempre. Puedes recibir consuelo al meditar en los grandes Salmos. Por ejemplo: «Jehová es mi pastor, nada me faltará». «Dios es mi refugio, mi salvación ¿a quien he de temerle?» «Dios es una ayuda siempre presente en los momentos de problemas.» «Mi Dios; en Él confiaré». «Con sus plumas me cubrirá y debajo de sus alas estaré seguro.» «Uno con Dios es mayoría.» «Si Dios está de mi lado, ¿Quién puede estar en mi contra?» «Hago todo lo que me fortalece a través de Cristo.» Permite que las vibraciones sanadoras de estas verdades inunden tu cabeza y tu corazón; entonces, a través de este proceso meditativo vaciarás tu mente de todos los miedos, dudas y preocupaciones.

Medita sobre otra gran verdad espiritual: «El corazón alegre hermosea el rostro». «El corazón contento se regocija continuamente.» «El corazón alegre hace bien como una medicina, mas el espíritu triste seca los huesos.» «Por lo tanto te aconsejo que despiertes el don de Dios, que está en ti.» Comienza *ya* a despertar el don de Dios rechazando por completo la evidencia de los sentidos, la tiranía y despotismo del inconsciente colectivo y dale total reconocimiento al Poder espiritual dentro de ti como la única Causa, el único Poder y la única Presencia. Reconoce que es un Poder receptivo y caritativo. «Acércate a Él y Él se acercará a ti.» Recurre devotamente a Él con seguridad, confianza y amor; te responderá con amor, paz, guía y prosperidad.

Será tu Consuelo, tu Guía y Consejero y tu Padre celestial. Entonces dirás: «Dios es Amor. Lo he encontrado y Él verdaderamente me ha liberado de todos mis miedos». Más aún, te encontrarás en verdes prados, en donde la abundancia y todas las riquezas de Dios fluyen libremente a través de ti.

Repítete con alegría y abiertamente durante la jornada: «Camino todo el día consciente de la Presencia de Dios». «Su completitud fluye a través de mí todo el tiempo, llenando todas las facetas vacías en mi vida.»

Cuando estás satisfecho con la sensación de que eres lo que ansías ser, tu plegaria es respondida. ¿Están completas todas las facetas de tu vida? Observa tu salud, riqueza, amor y expresión. ¿Estás totalmente satisfecho en todos los niveles? ¿Falta algo en alguna de estas cuatro facetas? Todo lo que buscas, no importa qué sea, cae en una de estas clasificaciones.

Si dices: «Todo lo que quiero es la verdad y la sabiduría», estás expresando el deseo de todos los hombres en todas partes. Eso es lo que todo el mundo desea, aunque lo digan de manera diferente. La verdad o sabiduría es el deseo superior de todo hombre; esto cae bajo la clasificación de «expresión». Quieres expresar cada vez más a Dios aquí y ahora.

A través de tus carencias, limitaciones y problemas creces en la Luz de Dios y te descubres a ti mismo. No hay otra manera por la cual podrías descubrirte a ti mismo.

Si no pudieras utilizar tus poderes de dos maneras, nunca podrías descubrirte a ti mismo. Tampoco podrías deducir que haya una ley que te gobierna. Si se te obligara a ser bueno o a amar, eso no sería amor. Entonces serías un autómata. Tienes libertad para amar porque puedes dar o retener el amor. Si se te obligara a amar, seo no sería amor. ¿No te sientes halagado cuando alguna mujer te dice que te ama y te desea? Te ha elegido entre todos los hombres del mundo. No *tiene* que amarte. Si estuviera forzada a amarte, no te sentirías halagado o feliz.

Tienes la libertad de ser un asesino o un santo. Es por eso que admiramos a personas como la Madre Teresa y a otros. Decidieron elegir el bien y los admiramos por su elección. Si creemos que las circunstancias, las condiciones, los acontecimientos, la edad, la raza, la educación religiosa o el ambiente en donde nos criamos pueden hacer que se nos excluya de la posibilidad de lograr una vida feliz y próspera, somos ladrones. Todo lo que se necesita para expresar felicidad y prosperidad es *sentirse* feliz y próspero. La sensación de riqueza produce riqueza. Los estados de consciencia se manifiestan. Es por eso que se dice: «Todo lo que siempre se aparecía ante mí (sensación) eran ladrones». La sensación es la ley, y la ley es la sensación.

Tu deseo de prosperidad es en realidad la promesa de Dios que te dice que Sus riquezas son tuyas; acepta esta promesa sin ninguna reserva mental.

Quimby comparaba la plegaria con un abogado que defiende un caso ante el juez. Este maestro de las leyes de la mente decía que podía probar que el defendido no era culpable como se le declaraba, sino que era víctima de mentiras y falsas creencias. Eres el juez; presentas tu propio veredicto, luego se te libera. Los pensamientos negativos de carencia, pobreza y fracaso son falsos; son mentiras, no existe nada que los sustente.

Sabes que hay un solo Poder espiritual, una causa primera y, entonces, dejas de darle poder a las condiciones, circunstancias y opiniones de los hombres. Dale todo el Poder al Poder Espiritual que hay dentro de ti, sabiendo que responderá a tu pensamiento de abundancia y prosperidad. Reconocer la supremacía del Espíritu interior y el Poder de tu propio pensamiento o imagen mental es el camino hacia la opulencia, la libertad y la provisión constante. Acepta la vida abundante en tu propia mente. Tu aceptación mental y la expectativa de la riqueza tienen su propia matemática y mecánica de expresión. A medida que te predispones a la opulencia, comenzarán a acontecer todas las cosas necesarias para una vida abundante. Ahora eres el juez que llega a la decisión en la corte de tu mente. Como Quimby, has producido evidencia indiscutible que demuestra cómo funcionan las leyes de tu propia mente y ahora estás libre de temores. Has matado todo el miedo y los pensamientos supersticiosos de tu mente y les has cortado las cabezas en pedazos. El miedo es la señal para la acción; en realidad no es malo; te dice que te muevas hacia el opuesto, que es la fe en Dios y en todos los valores positivos.

Permite que ésta sea tu oración diaria; escríbela en tu corazón: «Dios es la fuente de mi provisión. Tal provisión es ahora mía. Sus riquezas fluyen hacia mí en forma libre, copiosa y abundante. Soy para siempre consciente de mi verdadero valor. Ofrezco abiertamente mis talentos y se me compensa de manera maravillosa y divina. ¡Gracias, Padre!»

El camino hacia las riquezas

Las riquezas pertenecen a la mente. Supongamos por un momento que a un médico le roban el diploma junto con el equipo de su consultorio. Estoy seguro de que estarías de acuerdo en que su riqueza reside en su mente. A pesar del robo podría continuar y diagnosticar enfermedades, recetar, operar y dar conferencias en materia médica. Solamente le robaron sus símbolos; en cualquier momento puede conseguir más materiales. Sus riquezas residían en su capacidad mental, su conocimiento para ayudar a otros y su habilidad para contribuir a la humanidad en general.

Siempre que tengas un intenso deseo de contribuir al bien de la humanidad serás rico. Tus impulsos de servir, es decir, de ofrecer tus talentos al mundo, siempre encontrarán respuesta en el corazón del universo.

Durante la crisis económica de 1929 conocí a un hombre en Nueva York que había perdido todo lo que tenía, incluso su casa y los ahorros de toda la vida. El encuentro ocurrió después de una conferencia que di en uno de los hoteles de la ciudad. Me dijo lo siguiente: «Perdí todo. Hice millones de dólares en cuatro años y los haré nuevamente. Todo lo que perdí es un símbolo. Puedo atraer nuevamente el símbolo de la riqueza de la misma forma que la miel atrae a las moscas».

Durante varios años seguí la carrera de este hombre para descubrir la clave de su éxito. La misma podrá parecerte extraña, sin embargo es muy antigua. El nombre que él le daba a dicha clave era: «¡Convertir el agua en vino!» Había leído este pasaje de la Biblia y supo que era la respuesta para la salud perfecta, la felicidad y la prosperidad.

El *vino* en la Biblia siempre significa hacer realidad tus deseos, ganas, planes, sueños, propuestas, etc. En otras palabras, son las cosas que deseas lograr, conseguir y llevar adelante.

El *agua* en la Biblia se refiere por lo general a la mente o la consciencia. Dicho elemento toma la forma de cualquier recipiente en donde se eche; de la misma manera, lo que sea que sientas y creas como verdad se manifestará en el mundo; de esta forma siempre estás convirtiendo el agua en vino.

Quienes escribieron la Biblia fueron hombres iluminados. La misma enseña psicología de la vida diaria y una manera de vivir. Uno de los principios cardinales de la Biblia es que determinas, creas y moldeas tu propio destino por medio de las creencias, pensamientos y sentimientos correctos. Te enseña que puedes resolver cualquier problema, superar cualquier situación y que has nacido para tener éxito, para ganar y triunfar. Para descubrir el Camino Real hacia las Riquezas y recibir la fuerza y la seguridad necesarias para progresar en la vida, debes dejar de ver la Biblia de la manera tradicional.

El hombre de la historia anterior, que estaba en crisis económica, solía decirse a sí mismo frecuentemente durante la época en que no tenía fondos: «¡Puedo convertir el agua en vino!» Para él estas palabras significaban: «Puedo cambiar las ideas de pobreza en mi mente por hacer realidad mis deseos presentes, que son la riqueza y el abastecimiento económico».

Su actitud mental (agua) era: «Una vez hice fortuna honestamente. La voy a hacer de nuevo (vino)». La afirmación que utilizaba en forma periódica consistía en decir: «Atraje el símbolo (dinero) una vez, lo estoy atrayendo una vez más. Lo sé y siento que es verdad (vino)».

Este hombre se puso a trabajar como vendedor de una empresa química. Se le ocurrieron ideas para una mejor promoción de los productos y se las pasó a la empresa. No pasó mucho tiempo hasta que llegó a vicepresidente y en cuatro años la empresa lo nombró presidente. Su actitud mental constante era: «¡Puedo convertir el agua en vino!»

Considera en forma figurada la historia en el evangelio según Juan sobre convertir el agua en vino y dite a ti mismo, como el vendedor de químicos mencionado anteriormente: «Puedo hacer que mis ideas, impulsos, sueños y deseos no visibles se vuelvan visibles porque he descubierto una ley de la mente simple y universal».

La ley que demostró es la de acción y reacción. Significa que tu mundo externo, tu cuerpo, tus circunstancias, medio ambiente y estatus económico siempre son reflejo perfecto de tus creencias, pensamientos, sentimientos y convicciones. Como esto es verdad, puedes cambiar tus patrones internos de pensamiento al meditar sobre la idea del éxito, la riqueza y la paz mental. A medida que ocupes la mente con estos últimos conceptos, las ideas poco a poco se filtrarán en ella como semillas que se plantan en la tierra. Como toda semilla (los pensamientos y las ideas) crecen según su especie, de la misma manera aquello que piensas y sientes habitualmente se manifestará en prosperidad, éxito y paz mental. Al pensamiento sabio (acción) le sigue la acción correcta (reacción).

Puedes obtener riquezas cuando te vuelves consciente del hecho de que la plegaria es un banquete de bodas. El *banquete* es psicológico, meditas sobre (o te alimentas mentalmente de) tu propio bien o tu deseo hasta que te vuelves *uno* con él.

Citaré ahora la historia de un caso de mis archivos acerca de la forma en que una muchacha llevó a cabo su primer milagro de transformar «agua en vino». Ella dirigía un hermoso salón de belleza, pero su madre se enfermó y tuvo que dedicar considerable tiempo al hogar, por lo cual desatendió su negocio. Durante su ausencia dos de sus asistentes malversaron fondos, por lo cual cayó en bancarrota, perdió su casa y contrajo fuertes deudas. No podía pagar las cuentas del hospital de su madre y tampoco tenía empleo.

Le expliqué a esta mujer la fórmula mágica de convertir el agua en vino. Nuevamente le dejamos en claro que el *vino* significa la respuesta a una plegaria o la materialización de su ideal.

Ella se peleaba con el mundo exterior. Decía: «Mira los hechos: perdí todo. Es un mundo cruel. No puedo pagar mis cuentas y no rezo porque he perdido la fe». Estaba tan absorta en el mundo material que ignoraba por completo la causa interna de su situación. A medida que fuimos conversando, comenzó a entender que debía resolver la disputa dentro de su cabeza.

No importa cuál sea tu deseo o ideal al leer este libro, también encontrarás en tu mente algún pensamiento o idea que se le opone. Por ejemplo, puede que desees salud, pero tal vez haya varios pensamientos de este tipo en tu cabeza en forma simultánea: «No me pueden sanar. Lo he intentado pero no sirve, empeora cada vez más». «No sé lo suficiente sobre sanación espiritual por medio de la mente.»

A medida que te estudias a ti mismo, ¿no tienes un juego de tira y afloja en la cabeza? Al igual que esta muchacha, encuentras que el medio ambiente y los asuntos externos desafían tu deseo de expresión, riqueza y paz mental.

La verdadera plegaria es un banquete de bodas mental y nos enseña a todos cómo resolver el conflicto en ese mismo campo. En la plegaria, «escribes» en tu propia mente lo que en verdad *crees*. Dijo Emerson: «El hombre es lo que piensa durante todo el día». Por medio de tu pensamiento habitual creas tus propias leyes mentales acerca de tus creencias. Al repetir una determinada serie de pensamientos estableces opiniones y creencias concluyentes en la mente más profunda, llamada subconsciente; luego tales creencias, opiniones y conceptos aceptados dirigen y controlan todas las acciones externas. Comprender esto y comenzar a aplicarlo es el primer paso para convertir «el agua en vino» o transformar la carencia y la limitación en abundancia y opulencia. El hombre que no es consciente de su propio poder espiritual está, por lo tanto, sujeto al inconsciente colectivo, la carencia y la limitación.

Ahora abre tu Biblia y lleva a cabo tu primer milagro como lo hizo esta experta en belleza. Puedes hacerlo. Si lees la Biblia solamente como un acontecimiento histórico te perderás la mirada espiritual, mental y científica de las leyes sobre las cuales tratamos en este libro.

Tomemos este pasaje: «Y al tercer día hiciéronse unas bodas en Caná de Galilea; y estaba allí la madre de Jesús.» *Galilea* significa tu mente o consciencia y *Caná*, tu deseo. La *boda* es sólo mental: la encarnación subjetiva de tu deseo.

Toda la belleza de la historia de la plegaria es psicológica, y en dicha historia todos los personajes son estados mentales, sensaciones e ideas que habitan dentro de ti.

Uno de los significados de *Jesús* es razón iluminada. La *madre de Jesús* significa el sentimiento, la predisposición o las emociones que nos poseen.

«Y fue también llamado Jesús y sus discípulos a las bodas.» Tus *discípulos* son tus poderes internos y las facultades que te permiten llevar a la realidad tus deseos.

«Y faltando el vino, la madre de Jesús le dijo: "Vino no tienen"». El *vino*, como ya hemos dicho, representa la respuesta a la plegaria o la manifestación de tu deseo y tus ideales en la vida. Ahora puedes ver que ésta es una historia de todos los días, que se desarrolla en tu propia vida.

Cuando deseas lograr algo como lo que quería esta joven, como encontrar trabajo, sustento y una salida a tus problemas, te aparecen alusiones a la carencia, tales como: «No hay esperanza. Todo está perdido. No lo puedo lograr, es irremediable». Ésa es la voz del mundo exterior que te dice: «No hay vino». o «Mira los hechos». La que habla es tu sensación de carencia, limitación o esclavitud.

¿Cómo te enfrentas con el desafío de las condiciones y las circunstancias? Por lo pronto, estás conociendo las leyes de la mente, que son las siguientes: «De la misma forma en que pienso y siento en mi interior, así es mi mundo exterior; es decir, mi cuerpo, finanzas, medio ambiente, posición social y todas las facetas de mi relación externa con el mundo y los hombres». Tus imágenes y movimientos mentales internos gobiernan, controlan y dirigen el plano externo de tu vida.

La Biblia dice: «Cual es su pensamiento en su alma, tal es él». *Alma* es una palabra caldea que significa mente subconsciente. En otras palabras, tu pensamiento debe llegar a niveles subjetivos al convocar el poder de tu ser subliminal.

El pensamiento y el sentimiento son tu destino. El pensamiento cargado con sentimiento e interés siempre se vuelve subjetivo y se manifiesta en tu mundo. La *plegaria* es un matrimonio del pensamiento y la emoción; o de tu idea y tu emoción; es esto lo que el banquete de bodas hace que se relacione.

Cualquier idea o deseo de la mente que se sienta como verdadero, llegará a ocurrir, ya sea bueno, malo o indiferente. Conocer ahora la ley de que aquello que imagines y sientas en tu mente lo expresarás, manifestarás o experimentarás en el mundo exterior te permite comenzar a disciplinar dicha mente.

Cuando las alusiones a la carencia, el miedo, la duda o la desesperanza (vino no tienen) aparezcan en tu cabeza, recházalas de forma inmediata enfocando la atención mental en la respuesta a tu plegaria o el cumplimiento de tu deseo.

Las afirmaciones que aparecen en la Biblia, en Juan 2: «Aún no ha llegado mi hora» y «¿Qué tengo yo contigo, mujer?» son expresiones figuradas e idiomáticas de Oriente.

Al poner estas citas en otras palabras, *mujer* significa el sentimiento negativo en el que te regodeas. Estas alusiones negativas no tienen poder ni son reales, porque no hay nada que las respalde.

Una alusión a la carencia no tiene poder; el poder reside en tu propio pensamiento y sentimiento.

¿Qué significa Dios para ti? *Dios* es el Nombre que se le dio al Poder Espiritual Único. *Dios* es la Fuente Única e Invisible desde la Cual fluyen todas las cosas.

Cuando tus pensamientos son constructivos y armoniosos, el Poder Espiritual que responde a tu pensamiento fluye en forma de armonía, salud y abundancia. Practica la maravillosa disciplina de rechazar por completo cada pensamiento de carencia al reconocer inmediatamente la disponibilidad del Poder Espiritual y su respuesta a tu manera constructiva de pensar e imaginar; entonces estarás practicando la verdad que se encuentra en estas palabras: «¿Qué tengo yo contigo, mujer?»

Leemos: «Aún no ha llegado mi hora». Esto quiere decir que aunque no hayas llegado a una convicción o estado mental positivo, sabes que, mentalmente, estás en camino, porque dedicas tus pensamientos a ideales, metas y objetivos positivos en la vida. Aquello en lo que medite la mente –lo que sea–, se multiplica, magnifica y crece, hasta que dicha mente se vuelve capaz de un nuevo estado de consciencia. Entonces estarás condicionado en forma positiva, en tanto que antes lo estabas de manera negativa.

El hombre espiritual que reza va desde un estado mental predispuesto a la carencia hacia un estado predispuesto a la paz, la confianza y el Poder Espiritual que hay dentro de sí. Ya que su fe y su confianza están en el Poder Espiritual, su madre (sentimientos y predisposición) registra una sensación de triunfo o victoria; esto traerá la solución o la respuesta a tu plegaria.

Las tinajas de la historia de la Biblia se refieren a los ciclos mentales por los que atraviesa el hombre para alcanzar la realización subjetiva de su deseo. La cantidad de tiempo puede ser un momento, una hora, una semana o un mes; esto depende de la fe y el estado de consciencia del estudiante.

En la plegaria debemos limpiar nuestra mente de las falsas creencias, el miedo, la duda y la ansiedad al desapegarnos por completo de la evidencia de los sentidos y el mundo externo.

En la paz y tranquilidad de tu mente, en donde has aquietado los engranajes de tu pensamiento, medita sobre la alegría de la plegaria que será respondida, hasta que llegue la certeza interna, por la cual *sabes que sabes*. Cuando has tenido éxito al ser *uno* con tu deseo, has triunfado en tu matrimonio mental o la unión de tus sentimientos con tus ideas.

Estoy seguro de que, en este preciso momento, en tu mente deseas contraer matrimonio (ser uno con) la salud, armonía, éxito y logros. Cada vez que rezas intentas llevar a cabo el *banquete de bodas de Caná* (la realización de tus deseos o ideales). Quieres identificarte mentalmente con los conceptos de paz, éxito, bienestar y perfecta salud.

«Llenáronlas hasta arriba.» *Las seis tinajas* representan tu propio estado mental en el acto creativo mental y espiritual. Debes llenar tu mente *hasta arriba*, lo cual significa que debes estar lleno de la sensación de que eres lo que anhelas ser. Cuando tienes éxito en llenar tu mente con el ideal que quieres alcanzar o expresar, estás lleno hasta arriba; luego dejas de rezar por ese objetivo pues sientes que ya es realidad en tu mente. ¡Lo *sabes*! Es un estado de consciencia acabado. Estás en paz con él.

«Y díceles: "Sacadlo ahora y presentadlo al maestresala"». Lo que fuere que esté impregnado en nuestra mente subconsciente siempre se materializa en la pantalla del espacio; en consecuencia, cuando entramos en un estado de convicción de que nuestra plegaria recibirá respuesta, hemos dado la orden: «Presentadlo al maestresala».

Siempre eres el maestresala de tu banquete mental. Durante el día miles de pensamientos, sugerencias, opiniones, sonidos e imágenes llegan a tus ojos y a tus oídos. Según elijas, puedes tenerlos en consideración o rechazarlos por no ser aptos para consumo mental o. Tu mente consciente, intelectual y racional es el maestresala de la fiesta. Cuando en forma consciente elijes considerar, meditar, imaginar el deseo de tu corazón como verdadero, éste se vuelve una encarnación viviente y una parte de tu mentalidad, de manera tal que tu ser más profundo hace que ese deseo nazca o se exprese. En otras palabras, lo que se imprime de forma subjetiva se expresa en forma objetiva. Tus sentidos o tu mente consciente ven la materialización de tu propio bien. Cuando la mente racional (consciente) toma conciencia* del «agua convertida en vino», también lo hace de la plegaria atendida. Al *agua* también se la puede llamar el poder espiritual invisible, sin forma, la consciencia incondicionada. El *vino* es la consciencia condicionada o la mente que da nacimiento a sus creencias y convicciones.

Los sirvientes que recogen agua para ti representan la predisposición para la paz, la confianza y la fe. De acuerdo a tu fe o tus sentimientos, tu propio bien es atraído y dirigido hacia ti.

Debes imbuirte y enamorarte de los principios espirituales que se exponen en este libro.

En el primer milagro de Jesús del que se tenga noticia, se te dice que la plegaria es un banquete de bodas o la mente que se une con su deseo.

---

* N. del T.: En el texto original aparece en primer lugar el término «conscious» que se refiere a la actividad cognitiva con participación voluntaria de la mente y se traduce como «consciente», mientras que el término «aware» alude a un nivel más amplio e intuitivo de la percepción y se traduce como «conciencia».

El amor es la realización de la ley. El amor es en realidad apego emocional, una sensación de unidad con tu propio bien. Debes ser fiel a aquello que amas. Debes ser leal a tu propósito o ideal. No somos fieles a aquello que amamos cuando consideramos otros matrimonios mentales o flirteamos con el miedo, la duda, la preocupación, la ansiedad o las falsas creencias. El amor es un estado de unidad, un estado de completitud. (Ver el libro del mismo autor *Love is freedom*.)

Cuando le explicaron este simple hecho a la experta en belleza antes mencionada, se volvió rica mentalmente. Lo comprendió y lo puso en práctica en su vida. Rezó de la siguiente forma: sabía que el *agua* (su propia mente) fluiría y llenaría todas las *tinajas vacías* en respuesta a su propia forma de pensar y sentir.

Por la noche, esta persona se quedaba muy quieta y tranquila, relajaba el cuerpo y comenzaba a utilizar imágenes constructivas. Los pasos que realizaba eran los siguientes:

Primer paso: comenzaba a imaginarse que el gerente del banco local la felicitaba por los fantásticos depósitos que hacía. Se mantenía imaginando esa situación durante unos cinco minutos.

Segundo paso: en su imaginación escuchaba que su madre le decía: «Estoy tan feliz por tu nueva situación». Continuaba escuchándola decir eso en un estado de felicidad y alegría por unos tres a cinco minutos.

Tercer paso: se imaginaba vívidamente que, quien escribe, estaba frente a ella celebrando su ceremonia de bodas. La mujer me escuchaba decir como ministro oficiante: Yo os declaro marido y mujer». Para completar esta rutina se iba a dormir sintiéndose plena, es decir, con la alegre sensación de que la plegaria había sido respondida.

Nada ocurrió durante tres semanas; de hecho las cosas empeoraron, pero perseveró. Se negaba a aceptar un «No» por respuesta. Sabía que, para crecer espiritualmente, también debía llevar a cabo el primer milagro cambiando su miedo por fe y su predisposición a la carencia por la opulencia y la prosperidad, reconduciendo su consciencia (agua) hacia las condiciones, circunstancias y experiencias que deseaba expresar.

La Conciencia o la Consciencia, el hecho de Existir, el Principio, el Espíritu o cualquier Nombre que quieras darle, es el origen de todo; es la única Presencia y Poder. El Poder Espiritual o el Espíritu dentro de nosotros es la causa y la sustancia de todas las cosas. Todo: los pájaros, los árboles, las estrellas, el sol, la luna, la tierra, el oro, la plata y el platino son sus manifestaciones. Es la causa y la sustancia de todas las cosas. «No hay nada más.»

Al comprender esto, ella sabía que el *agua* (la consciencia) podría abastecerla en forma de dinero, un lugar real o autoexpresión verdadera, salud para su madre, así como también compañía y plenitud en la vida. Pudo ver estas verdades simples –aunque profundas– en un abrir y cerrar de ojos, y me dijo: «*Acepto* mi propio bien».

Sabía que nada se nos oculta; la totalidad de Dios está dentro de nosotros, esperando que la descubramos y que formulemos nuestras preguntas.

En menos de un mes esta joven mujer se casó. Quien esto escribe llevó a cabo la ceremonia. Pronuncié las palabras que ella me había escuchado decir una y otra vez cuando estaba en estado meditativo y relajado: «¡Os declaro marido y mujer!»

El marido le dio un cheque por 24.000 dólares como regalo de bodas y también un viaje alrededor del mundo. Su nueva forma de expresarse como especialista en belleza fue hermosear su casa y su jardín y hacer que el desierto de su mente cobrara vida y floreciera como una rosa.

Convirtió el «agua en vino». El *agua* de su consciencia se cargó o se condicionó debido a su constante creación de imágenes verdaderas y felices. Estas imágenes, cuando se sostienen en forma regular, sistemática y con fe en el desarrollo de los poderes de la mente más profunda, saldrán de la oscuridad (mente subconsciente) hacia la luz (materializadas en la pantalla del espacio).

Hay una regla importante: no expongas está película recién revelada a la destructiva luz del miedo, la duda, la depresión o la preocupación. Cuando la preocupación o el miedo llamen a la puerta, vuélvete de inmediato a la película que revelaste en tu cabeza y dite: «En este momento una hermosa película se está revelando en el cuarto oscuro de mi mente». Derrama mentalmente sobre esa película tu entendimiento y tu sensación de alegría y de fe. Sabes que has puesto en práctica una ley psicológica y espiritual; ya que lo que se imprime en tu mente se expresará. ¡Es maravilloso!

La siguiente es una forma segura de desarrollar y manifestar todas las riquezas materiales y las provisiones que necesites durante todos los días de tu vida. Si aplicas esta fórmula de manera sincera y honesta, se te recompensará ampliamente en el plano exterior. La ilustraré contando la historia de un hombre con grandes apuros económicos que vino a visitarme a Londres. Era miembro de la Iglesia de Inglaterra y había estudiado hasta cierto punto el funcionamiento de la mente subconsciente.

Le dije que afirmara de manera frecuente durante el día: «Dios es la fuente de lo que recibo y todas mis necesidades se cubren a cada momento y en cada punto del espacio». Piensa también en toda la vida animal que existe en el mundo y en todas las galaxias del universo de los cuales la Inteligencia Infinita cuida en este momento. Nota cómo la naturaleza es generosa, pródiga y abundante. Piensa en los peces del océano a quienes se les da sustento, ¡así como a las «aves de los cielos»!

Comenzó a darse cuenta de que desde su nacimiento había recibido cuidados; su madre lo había alimentado, su padre lo había vestido y ambos lo habían criado con ternura y amor. Este hombre consiguió un empleo y le pagaban de maravilla. Razonó que era ilógico pensar que el Principio de Vida que le había dado la vida misma y siempre lo había cuidado, de pronto le dejara de responder.

Se dio cuenta de que había cortado su propio sustento al estar resentido con su empleador, por autocondenarse, criticarse y por su propia sensación de falta de mérito. Psicológicamente había dañado el cordón que lo unía a la Fuente Infinita de todas las cosas, el Espíritu que Mora en el Interior o Principio de Vida al que algunos llaman «Consciencia o Conciencia».

El hombre no se alimenta como los pájaros; debe estar en comunión consciente con el Poder y la Presencia que Mora en el Interior y recibir guía, fuerza, vitalidad y todo lo indispensable para cubrir sus necesidades.

He aquí la fórmula que utilizó para convertir el agua en el vino de la abundancia y el éxito económico. Se dio cuenta de que Dios o el Poder Espiritual dentro de sí eran la causa de todo; aun más, se dio cuenta de que si podía aceptar la idea de que la riqueza era suya por derecho Divino, manifestaría una abundancia de provisiones.

La afirmación que utilizó fue: «Dios es la fuente de lo que recibo. Todas mis necesidades económicas y de otro tipo están cubiertas a cada momento y lugar en el espacio; hay siempre un excedente Divino.» Esta simple frase, repetida en forma frecuente, intencionada e inteligente, condicionó a su mente para llegar a una consciencia de prosperidad.

Todo lo que tenía que hacer era aceptar él mismo esta idea positiva, de la misma manera que un buen vendedor tiene que aceptar el mérito de su producto. Tal persona está convencida de la integridad de su empresa, de la alta calidad del producto, del buen servicio que le dará al cliente, del hecho de que el precio es justo, etc.

Le dije que, cuando los pensamientos negativos llegaran a su mente –lo cual iba a suceder– no peleara ni discutiera con ellos en forma alguna, sino que simplemente volviera a la fórmula mental y espiritual y se la repitiera en forma tranquila y amorosa. A veces los pensamientos negativos le llegaban en avalancha, en forma de una ola de negatividad. Cada vez los enfrentaba con la convicción positiva, firme y leal: «Dios cubre todas mis necesidades; siempre hay un excedente Divino en mi vida».

Me dijo que, cuando conducía su coche o se dedicaba a su rutina diaria, de vez en cuando un montón de conceptos negativos invadían su mente, tales como «No hay esperanza», «Estás sin un duro». Cada vez que esos pensamientos negativos aparecían, rechazaba admitirlos y se volvía a la Fuente Eterna de la riqueza, la salud y todas las cosas que sabía que pertenecían a su propia conciencia espiritual. En forma definitiva y positiva afirmaba: «Dios es la fuente de mis provisiones y ¡esas provisiones son ahora mías!» o «Hay una solución Divina. La riqueza de Dios es mi riqueza» y otras afirmaciones positivas que cargaban su mente con esperanza, fe, expectativa y, en última instancia, con una convicción de que hay una fuente de riquezas que abastece por siempre todas sus necesidades en forma copiosa y alegre.

La ola de pensamientos negativos podía aparecerle hasta unas cincuenta veces por hora; cada vez se rehusaba a abrirles la puerta de su mente a estos gángsteres, asesinos y ladrones que sabía que tan sólo le robarían la paz, la riqueza, el éxito y todas las cosas buenas. En lugar de eso le abría la puerta de su mente a la idea de las provisiones que vienen del Principio de Vida Eterna de Dios y que fluyen a través de él como riqueza, salud, energía, poder y todas las cosas necesarias para tener una vida plena y feliz en la tierra.

A medida que continuó haciendo esto, al segundo día no golpearon tantos ladrones a su puerta; al tercer día, el flujo de visitantes negativos era menor; al cuarto día venían en forma intermitente, a la espera de ser admitidos, pero recibían la misma respuesta mental: «¡No se puede pasar! ¡Sólo acepto pensamientos y conceptos que activen, curen, bendigan e inspiren a mi mente!»

Volvió a condicionar su consciencia o su mente hacia la consciencia de la riqueza: «Viene el príncipe de este mundo; mas no tiene nada en mí». Esta frase le comunica a tu mente: los pensamientos negativos, tales como el miedo, la carencia, la preocupación, la ansiedad, llegaron, pero no recibieron respuesta de su mente. Ahora era inmune, estaba embriagado de Dios y tomado por una fe divina en la consciencia de la abundancia y del sustento económico que se expanden en forma eterna. Este hombre no perdió todo, tampoco cayó en bancarrota. Le extendieron el crédito; su negocio mejoró; se le abrieron nuevas puertas y prosperó.

Recuerda siempre que durante el proceso de la plegaria debes ser fiel a tu ideal, a tu propósito y objetivo. Mucha gente no logra llevar a la realidad la riqueza y el éxito económico porque rezan en dos sentidos. Afirman que Dios los abastece y que son divinamente prósperos, pero pocos minutos después niegan su propio bien al decir: «No puedo pagar esta cuenta», «No puedo pagar esto o aquello» o se dicen: «Me persigue una maldición.» «No puedo llegar a fin de mes.» «Nunca tengo lo suficiente». Todas estas afirmaciones son altamente destructivas y neutralizan tus plegarias positivas. Esto es lo que se llama «rezar en dos sentidos».

Debes ser fiel a tu plan o a tu objetivo. Debes ser leal a tu conocimiento del Poder Espiritual. Deja de llevar a cabo matrimonios desfavorables, es decir, de unirte a los pensamientos negativos, los miedos y las preocupaciones.

La plegaria es como un capitán que dirige el curso de su barco. Debes tener un destino. Debes saber hacia donde vas. El capitán del barco, al conocer las reglas de la navegación, ajusta el curso de acuerdo a eso. Si el barco se sale del curso a causa de tormentas u olas indómitas, con calma lo reconduce hacia su curso original.

Tú eres el capitán en el puente de mando y eres quien das las órdenes en forma de pensamientos, sentimientos, opiniones, creencias, predisposiciones y tonos de voz mentales. Mantén la vista en el mástil. *¡Te diriges hacia donde va tu visión!* Por lo tanto, deja de mirar los obstáculos, retrasos e impedimentos que harían que te salgas de tu curso. Sé preciso y seguro. Decide hacia dónde vas. Debes saber que tu actitud mental es el barco que te lleva desde tu predisposición a la carencia y la limitación hacia la predisposición y sensación de opulencia, y a la creencia en que la inevitable ley de Dios funciona a tu favor.

Quimby, que era médico, magnífico estudiante y maestro de las leyes mentales y espirituales, decía: «El hombre actúa como actúan con él». ¿Qué es lo que te moviliza en este momento? ¿Qué es lo que determina tu respuesta ante la vida? La respuesta es la siguiente: tus ideas, creencias y opiniones activan tu mente y te condicionan hasta el punto en que te vuelves, como decía Quimby, «Una expresión de tus creencias». Esto ilustra la verdad de la afirmación de Quimby: «El hombre es la expresión de la creencia».

Otra afirmación popular de Quimby era: «Nuestras mentes se mezclan como atmósferas y cada persona tiene su identidad en esa atmósfera». Cuando eras niño, estabas sujeto al humor, los sentimientos, las creencias y a la atmósfera mental general de tu hogar. Los miedos, ansiedades, supersticiones, así como también la fe y las convicciones religiosas de tus padres se imprimieron en tu mente.

Supongamos que un niño se ha criado en un hogar azotado por la pobreza, en el cual nunca había suficiente con respecto a lo económico; este niño escuchaba en forma constante la queja sobre la carencia y la limitación.

Podrías decir, como Salter en su terapia de reflejo condicionado, que el niño estaba condicionado a la pobreza. El joven puede tener un complejo de pobreza basado en sus creencias, educación y experiencias tempranas, pero puede elevarse sobre cualquier situación y volverse libre; esto se logra a través del poder de la plegaria.

Conocí a un jovencito de diecisiete años que había nacido en Nueva York, en un lugar llamado «Hell's Kitchen» («La cocina del infierno»). Escuchó algunas de las conferencias que ofrecí en aquel entonces en la misma ciudad, en Steinway Hall. Este joven se dio cuenta de que había sido víctima del pensamiento destructivo y negativo y de que, si no lo reconducía hacia canales constructivos, la mente colectiva, con sus miedos, fracasos, celos y odio se instalaría en él y lo controlaría. «El hombre actúa según actúan con él.»

Es evidente, como Quimby sabía, que si el hombre no se hace cargo de su propia casa (mente), la propaganda, las creencias falsas, los miedos y las preocupaciones del mundo de los fenómenos actuarán sobre él como un hechizo hipnótico.

Estamos inmersos en el inconsciente colectivo que cree en la enfermedad, la muerte, el infortunio, el fracaso, los accidentes y desastres varios. Sigue el mandato Bíblico «Salid de en medio de ellos y apartaos»: Identifícate en forma mental y emocional con las Verdades Eternas que han superado la prueba del tiempo.

Este joven decidió pensar y planear por sí mismo. Decidió tomar el Camino Real hacia las Riquezas al aceptar la abundancia de Dios aquí y ahora y llenar su mente con conceptos y percepciones espirituales. Sabía que, a medida que hiciera esto, automáticamente expulsaría fuera de su mente todos los patrones negativos.

Adoptó un proceso simple llamado «imaginación científica». Tenía una voz maravillosa, pero no la había cultivado ni desarrollado. Le dije que la imagen a la que él le prestara atención en sus pensamientos se desarrollaría en su mente más profunda y llegaría a hacerse realidad. Entendió que esto era una ley mental, una ley de acción y reacción, es decir, la respuesta de la mente profunda a la imagen que se sostiene en la mente consciente.

Este joven se sentaba tranquilo en su habitación, relajaba el cuerpo y se imaginaba vívidamente a sí mismo cantando frente a un micrófono. En verdad estiraba la mano para «tocar» el instrumento. Me escuchaba felicitarlo por su maravilloso contrato y decirle lo magnífica que era su voz. Al prestarle atención y mostrarle devoción a su propia imagen mental en forma regular y sistemática se le formó una profunda impresión en la mente subconsciente.

Transcurrió un corto tiempo y un profesor de canto italiano que vivía en Nueva York comenzó a darle clases gratuitamente varias veces a la semana, porque veía sus posibilidades. Obtuvo un contrato por el cual viajó al exterior para cantar en salones de Europa, Asia, Sudáfrica y otros lugares. Se acabaron sus preocupaciones económicas, ya que además recibía un excelente salario. Su verdadera riqueza la constituyeron sus talentos ocultos y su habilidad para ponerlos en juego. Estos talentos y poderes que existen dentro de nosotros nos los ha dado Dios; pongámoslos en juego.

Alguna vez te has preguntado: «¿Cómo puedo ser más útil a mis semejantes?» «¿Cómo puedo contribuir más a la humanidad?»

Uno de mis amigos, un ministro, me dijo que en sus primeros tiempos él y su iglesia sufrieron problemas económicos. Su técnica o proceso fue esta simple plegaria que le funcionó de maravilla: «Dios me revela formas mejores de mostrar Sus verdades a mis semejantes». El dinero le llovió; la hipoteca se pagó en unos pocos años y desde ese momento nunca más se preocupó por lo económico.

Al leer este capítulo estás aprendiendo que las sensaciones internas, la predisposición y las creencias de un hombre controlan y gobiernan su mundo externo. Los movimientos internos de la mente controlan los movimientos externos. Para cambiar el exterior, debes cambiar el interior. «Así en la tierra como en el cielo» o así como lo es en mi mente o mi consciencia lo es en mi cuerpo, circunstancias y medio ambiente.

La Biblia dice: «Nada hay oculto que no haya de revelarse». Por ejemplo, si estás enfermo estás revelando un patrón mental y emocional que es la causa de la enfermedad. Si estás molesto o si recibes noticias trágicas, date cuenta de cómo revelas esto en tu rostro, tus ojos, tus gestos, tu tono de voz, además de en tu manera de andar y tu postura. De hecho, tu cuerpo entero revela tu angustia interna. Por supuesto que por medio de la disciplina mental y la plegaria, podrías permanecer absolutamente aplomado, calmo y sereno y rechazar el hecho de revelar tus sentimientos o tus estados mentales ocultos. Podrías ordenarle a los músculos de tu cuerpo que se relajen, y estén tranquilos y quietos; deberían obedecerte. Tus ojos, rostro y labios no deberían revelar signos de dolor, ira o abatimiento. Por otro lado, con un poco de disciplina, por medio de la plegaria y la meditación podrías revertir toda la situación. Aun cuando hayas recibido noticias perturbadoras, sin importar su gravedad, podrías demostrar alegría, paz, relajación y una naturaleza vibrante y optimista. Nadie jamás sabría que recibiste las supuestas malas noticias.

No importa el tipo de noticias que hayas recibido hoy; podrías ir al espejo, mirarte la cara, los labios, los ojos y gestos al tiempo que te imaginas y te dices a ti mismo que te ha llegado la noticia de que recibiste una enorme fortuna. Escenifícalo, siéntelo, entusiásmate con ello y nota cómo todo el cuerpo responde al entusiasmo interno.

Puedes revertir cualquier situación a través de la plegaria. Ocupa tu cabeza con los conceptos de paz, éxito, riqueza y felicidad. Identifícate con estas ideas en forma mental, emocional y por medio de imágenes.

Hazte un cuadro de ti mismo como quisieras ser; retén esa imagen, sostenla con alegría, fe y expectativa; finalmente tendrás éxito en experimentar su manifestación.

A las personas que me consultan debido a sus carencias económicas les digo que se «casen con la riqueza». Algunos captan el punto, otros no. Como todos los estudiantes de la Biblia saben, tu *esposa* es aquello a lo que estás unido mentalmente o con lo cual eres uno.

En otras palabras, aquello que concibes y crees es a lo que le darás concepción. Si crees que el mundo es cruel, rudo y hostil y que la vida es un «comerse unos a los otros», ése es *tu propio* concepto; te casaste con él y vas tener descendencia o resultados según ese matrimonio. La descendencia de semejante matrimonio o creencia mental serán las condiciones, experiencias y circunstancias junto con todos los otros acontecimientos de tu vida. Todas tus experiencias y reacciones ante la vida serán la imagen y semejanza de las ideas que las concibieron.

Mira todas las esposas con las que vive el hombre medio, tales como el miedo, la duda, la ansiedad, la crítica, los celos, el enojo; éstas le desbaratan la mente. Cásate con la riqueza al reclamar, sentir y creer: «Dios abastece todas mis necesidades según sus riquezas en la gloria». O toma la siguiente afirmación y repítela una y otra vez con intención hasta que tu consciencia se condicione de acuerdo a ella o hasta que se vuelva parte de tu meditación: «Me expreso a través de lo Divino y tengo excelentes ingresos». No lo digas como un loro, debes saber que el hilo de tus pensamientos se graba en la mente profunda y se vuelve un estado de consciencia condicionado. Haz que la frase cobre significado para ti. Derrama vida, amor y sentimiento sobre ella, haz que cobre vida.

Uno de los estudiantes de mi clase abrió recientemente un restaurante. Me llamó por teléfono y me dijo que se había casado con él; me quiso decir que había decidido ser muy exitoso, perseverante y diligente y ver que su negocio prosperara. La *esposa* (mental) de este hombre era su creencia en la concreción de su deseo.

Identifícate con el objetivo de tu vida y termina tus matrimonios mentales con la crítica, la autocondena, el enojo, el miedo y la preocupación. Préstale atención al ideal que elegiste; llénate de fe y confianza en la inevitable ley de la prosperidad y el éxito. No lograrás nada si amas tu ideal durante tan sólo un minuto y lo niegas al siguiente; eso es como mezclar ácido con álcali: te dará una sustancia inerte. Al transitar el Camino Real hacia las Riquezas, debes ser fiel al ideal que elegiste (tu esposa).

En la Biblia pueden encontrarse pasajes que ilustran estas mismas verdades. Por ejemplo: «Eva salió de la costilla de Adán». *Tu costilla* es tu deseo, idea, plan, meta u objetivo en la vida.

Eva significa la emoción, la naturaleza sensible o lo interno. En otras palabras, debes cuidar la idea en forma maternal. La debes mimar, amar y sentir como verdad, para que se manifieste tu objetivo en la vida.

La *idea* es el padre; la *emoción* es la madre; éste es el banquete de bodas que se lleva a cabo todo el tiempo en tu mente.

Ouspensky hablaba del tercer elemento que aparecía o se formaba luego de la unión del deseo y del sentimiento. Lo llamó el elemento neutral. Por nuestra parte podemos llamarlo «paz», ya que Dios es Paz.

Dice la Biblia: «Y el principado sobre su hombro». En otras palabras, permite que la Sabiduría Divina sea tu guía.

Permite que la Sabiduría subjetiva te rija y te guíe en todos tus caminos. Ofrece tu pedido a esta Presencia que Mora en el Interior, con la seguridad en el corazón y en el alma de que disipará la ansiedad, curará la herida y restaurará tu alma para que tenga ecuanimidad y tranquilidad. Abre tu mente y tu corazón y di: «Dios es mi guía. Él me indica el camino, me hace prosperar y es mi consejero». Haz que tu plegaria por las mañanas y por las noches sea: «Soy un canal por medio del cual las riquezas de Dios fluyen sin cesar, en forma libre y abundante». Escribe esta plegaria en tu corazón. Grábala en tu mente. ¡Mantente en la luz de la gloria de Dios!

El hombre que no conoce los funcionamientos internos de su propia mente está lleno de cargas, ansiedades y preocupaciones; no ha aprendido cómo entregar su carga a la presencia que Mora en el Interior, para así ser libre.

Un discípulo le preguntó a un monje zen: «¿Cuál es la verdad?» El monje le respondió de manera simbólica quitándose el saco que tenía en la espalda y poniéndolo en el suelo.

El discípulo le preguntó entonces: «Maestro, ¿Cómo funciona?»

El monje zen, aún en silencio, cargó nuevamente el saco en su espalda y siguió por el camino, cantando. El *saco* es tu carga o tu problema. Lo entregas a la Sabiduría subjetiva que todo lo conoce y que tiene el «saber cómo» para los logros. Sólo ella conoce la respuesta.

Poner el saco nuevamente en la espalda significa que, aunque todavía tengo el problema, ahora tengo descanso mental y alivio de la carga, porque he invocado en mi nombre a la Sabiduría Divina; por lo tanto, entono la canción del triunfo, sé que la respuesta a mi plegaria está en camino y canto por la alegría que me espera. Es maravilloso.

«Todo hombre sirve primero el buen vino, y cuando están satisfechos, entonces el que es peor; mas tú has guardado el buen vino hasta ahora.» Esto es cierto para cada hombre cuando entra por primera vez en conocimiento de las leyes de la mente. Comienza con buen ánimo y grandes ambiciones. Es como la escoba nueva que barre bien y está lleno de buenas intenciones; pero muchas veces se olvida de la Fuente de poder. No continúa siendo fiel al Principio científico y eficaz que existe dentro de él, que lo sacará de sus experiencias negativas y lo pondrá en la camino principal hacia la libertad y la paz mental. Comienza a satisfacerse en forma emocional y mental con ideas y pensamientos extraños a la meta y objetivo que se ha propuesto. En otras palabras, no es fiel a su ideal o esposa.

Debes saber que el ser más profundo o subjetivo que habita dentro de ti aceptará tu pedido y, como gran fabricante que es, hará que acontezca a su propia manera. Todo lo que haces es dar a conocer tu pedido con fe y confianza, de la misma forma en que plantarías una semilla en el suelo o le enviarías una carta a un amigo, pues sabes que la respuesta llegará.

¿Has pasado alguna vez entre dos grandes rocas y escuchado el eco de tu voz? Es así como responde el Principio de Vida que hay dentro de ti. *Tú* escucharás el eco de tu propia voz. Tu *voz* es tu movimiento mental interno, tu viaje psicológico interior en donde te diste un festín mental con una idea hasta que quedaste satisfecho; luego descansaste.

Al conocer esta ley y cómo utilizarla asegúrate de nunca embriagarte con el poder, la arrogancia, el orgullo o la vanidad. Utiliza la ley para bendecir, curar, inspirar y entusiasmar a otros, así como a ti mismo.

El hombre hace mal uso de la ley al aprovecharse de manera egoísta de su prójimo; si lo haces te lastimas y atraes la pérdida hacia ti. El poder, la seguridad y las riquezas no se obtienen externamente. Provienen de la mina del tesoro de la eternidad que hay dentro de ti. Debemos darnos cuenta de que el *buen vino* está siempre presente, ya que Dios es el Presente Eterno. Sin importar las circunstancias actuales, puedes probar que tu propio bien está siempre presente al desapegarte mentalmente de tu problema, al observar desde lo Alto y ocuparte de los asuntos de tu Padre.

Observar desde lo Alto es imaginarte tu propio bien, meditar sobre el nuevo concepto de ti mismo, casarte con él y mantener una predisposición alegre al conservar la fe –lleno de esta fe a cada paso del camino– y saber que el vino de la alegría, es decir la plegaria que es respondida, está en camino: «He aquí ahora el día de salud.» «El reino de los cielos se ha acercado.» «Tú has guardado el buen vino hasta ahora.»

En este mismo momento, puedes viajar de manera psicológica en tu mente y entrar con la misma en cualquier estado que desees a través de la imaginación Divina. La riqueza, la salud o cualquier invención que desees incorporar, al principio es invisible. Todo parte de lo Invisible. Debes poseer riquezas de manera subjetiva antes de que puedas poseer riqueza en forma material. La sensación de riqueza produce riqueza, ya que la misma es un estado de consciencia. *Un estado de consciencia* es aquello en lo que piensas, sientes, crees, y a lo cual le das consentimiento mental.

Una maestra de California que ganaba cinco o seis mil dólares al año miraba en un escaparate un hermoso abrigo de piel de armiño que costaba ocho mil dólares. Dijo: «Me llevaría años ahorrar esa cantidad de dinero. Jamás me lo podría comprar.¡Pero cómo lo deseo!» Vino a escuchar nuestras conferencias los domingos por la mañana. Al dejar de casarse con estos conceptos negativos, aprendió que podía tener un abrigo, un coche o cualquier cosa que deseara sin lastimar a nadie en la faz de la tierra.

Le dije que se imaginara que tenía puesto el abrigo, que sintiera la hermosa piel y cómo le sentaba. Comenzó a utilizar el poder de su imaginación por las noches antes de irse a dormir. Se ponía el abrigo imaginario, lo tocaba, lo acariciaba como hace una niña con su muñeca. Continuó haciéndolo y finalmente sintió una gran fascinación.

Se iba a dormir cada noche con el abrigo imaginario puesto y muy feliz de tenerlo. Pasaron tres meses y nada ocurrió. Estaba a punto de desistir pero se recordó a sí misma que es la predisposición sostenida la que finalmente manifiesta las cosas. «El que soportare hasta el fin, éste será salvo.» La solución le llegará a la persona que no flaquea, sino que lleva el perfume de Su Presencia consigo. La respuesta le llega al hombre que camina en la luz de que «¡Está hecho!». Siempre llevas puesto *el perfume de Su Presencia* cuando mantienes la alegre predisposición de expectativa, al saber que tu propio bien está en camino. Lo has visto en lo no visible y *sabes* que lo verás en lo visible.

Lo que siguió en la historia mental de la maestra es interesante. Un domingo, después de una conferencia, un hombre le pisó el pie por accidente, le pidió disculpas, le preguntó dónde vivía y se ofreció a llevarla a casa. Con gusto ella aceptó. Poco después le propuso matrimonio, le regaló un hermoso anillo de diamantes y le dijo: «He visto un abrigo maravilloso. ¡Te verías radiante con él!» Era el mismo abrigo que ella había admirado tres meses antes. (El vendedor contó que más de cien mujeres ricas miraron el abrigo, que les gustó muchísimo, pero que por alguna razón siempre elegían otra prenda.)

Por medio de tu capacidad para elegir, de imaginar la realidad de lo que has elegido, y por medio de la fe y la perseverancia, *tú puedes* llevar a la realidad tu objetivo en la vida. Todas las riquezas del cielo están aquí y ahora dentro de ti, esperando ser liberadas La paz, la alegría, el amor, la guía, la inspiración, la buena voluntad y la abundancia: todos ya existen, en este mismo momento. Todo lo que es necesario para expresar estas riquezas de Dios es que dejes el presente actual (tu limitación), entres en la visión o imagen mental y con una predisposición feliz y alegre te vuelvas uno con tu ideal. Una vez que has visto y sentido tu propio bien en momentos de gran exaltación, sabes que en poco tiempo verás tu ideal materializado mientras atraviesas el tiempo y el espacio. Como es dentro, es fuera. Como es arriba, es abajo. Así como es en el cielo es en la tierra. En otras palabras, verás tus creencias expresadas. ¡El hombre *es* la expresión de la creencia!